ThéoTeX
Site internet : theotex.org
Courriel : theotex@gmail.com

© 2022 Jonathan Edwards
Édition : BoD – Books on Demand, info@bod.fr
Impression : BoD – Books on Demand, In de
Tarpen 42, Norderstedt (Allemagne)
Impression à la demande
ISBN : 978-2-3224-3536-4
Dépôt légal : Octobre 2022

L'UNION DANS LA PRIÈRE

Pour la propagation de l'Évangile

et

Pour le début du Millénium en Amérique

Jonathan Edwards

1748

ThéoTeX
— 2022 —

Contexte

Au début du dix-neuvième siècle, un certain Phocion-Henri SERVIER, libraire protestant à Paris, traduisait une partie d'un ouvrage de Jonathan EDWARDS originellement publié en 1748, avec un titre à rallonges comme on les aimait à cette époque :

> An HUMBLE ATTEMPT *to promote an explicit agreement and visible union of God's people through the world, in extraordinary* PRAYER, *for the* REVIVAL *of religion, and the advancement of Christ's kingdom on earth, pursuant to Scripture promises and prophecies concerning the last time.*

Ce qui donnait en français :

> L'UNION DANS LA PRIÈRE
> POUR LA
> PROPAGATION DE L'ÉVANGILE,
> OU
> ABRÉGÉ D'UN HUMBLE ESSAI,
> DONT LE BUT EST DE PROVOQUER UN ACCORD VISIBLE
> DU PEUPLE DE DIEU
> DANS L'OFFRE DES PRIÈRES EXTRAORDINAIRES
> POUR AVANCER LE RÈGNE DE CHRIST SUR LA TERRE.

1823

Qu'entendait Servier par *abrégé* d'un humble essai ? Le livret original anglais d'Edwards comporte environ 120 pages, en trois parties : dans la première il relate les circonstances qui l'ont amené à écrire ce document, à savoir la réception d'un *Mémorial* de pasteurs écossais exhortant le peuple de Dieu à prier en tous lieux pour obtenir une effusion de l'Esprit et un grand réveil ; dans la seconde l'auteur partait d'une citation du prophète Zacharie pour démontrer qu'un âge d'or, un millénium, où tous les peuples seraient convertis au christianisme était encore à venir, et que cette glorieuse période devait être précédée d'une union extraordinaire des Églises dans la prière ; dans la troisième partie il répondait aux objections.

Après une courte préface, Servier ne traduisit que la seconde partie, et encore très librement, tant le style d'Edwards est redondant, tortueux, et rapidement insupportable à rendre dans notre langue. Ainsi l'opuscule français de 1823 ne compte qu'une trentaine de pages.

Jonathan Edwards s'est beaucoup intéressé à l'Apocalypse, et on ne peut vraiment comprendre l'intention de son *humble attempt* sans lire sa troisième partie, celle où il répond aux objections. Pasteur puritain qui a vécu les premiers grands réveils américains, le *First Great Awakening* des années 1730, il espérait voir débuter le Millénium, dont parle les prophètes de l'Ancien Testament et le dernier livre de la Bible, si possible dans sa génération, et même dans son propre pays. On peut d'ailleurs penser que c'est la raison pour laquelle le traducteur français, effrayé par tant d'audace eschatologique, a supprimé le mot *Réveil* du titre original, et omis toute mention des vues d'Edwards sur l'Apocalypse.

Pour une meilleure compréhension de son essai, nous donnerons donc premièrement, un court résumé de l'eschatologie de Jonathan Edwards, deuxièmement, la traduction de 1823, troisièmement, une traduction libre et résumée des réponses d'Edwards aux objections contre son essai, enfin quatrièmement, nous terminerons par quelques réflexions relatives aux vues actuelles sur la place des États-Unis dans l'eschatologie.

1. L'eschatologie de Jonathan Edwards.

Dans ses convictions sur la fin des temps, Jonathan Edwards est ce que nous appellerions aujourd'hui un *post-millénariste* ; le mot n'existait pas à son époque. Cela signifie qu'il croit que Jésus-Christ reviendra physiquement sur terre, selon sa promesse, après le *Millénium*, cet âge d'or annoncé en particulier par le prophète Esaïe ; l'humanité vivra alors sous la bénédiction de Dieu, loin du péché, pendant une période qui durera peut-être littéralement mille ans, très longue en tous cas. Quand débutera ce millénium ? c'est toute la question.

Edwards distingue quatre venues de Christ, deux physiques, deux spirituelles :

1. La première, en chair et en os, lors de son incarnation.
2. La seconde, en esprit, lorsqu'il détruit l'empire romain païen, par l'intermédiaire de Constantin.
3. La troisième, en esprit de nouveau, lorsqu'il vient détruire le royaume de Satan, et inaugurer le Millénium. Cette venue est donc encore à venir (sans l'affirmer totalement Edwards pense qu'elle aura lieu vers l'an 2000).
4. La quatrième enfin, Christ revient dans son corps de gloire, à la fin du Millénium, pour exercer le jugement dernier, et instaurer son règne éternel.

Edwards croit que le début du Millénium est proche de son siècle pour deux raisons :

1°) Parce qu'il trouve vraisemblable la théorie de la semaine millénaire, à savoir que l'histoire du monde devrait durer 7000 ans, pour correspondre à la semaine de sept jours de la Création : 4000 ans entre le début du monde et la première venue de Christ, 1000 ans de millénium tout à la fin (le septième millénaire), il reste par conséquent 2000 ans pour l'histoire de l'Église, entre l'ascension et le début du millénium.

2°) Parce qu'il croit que les grands réveils religieux qui surviennent à son époque, dans son pays, sont des signes précurseurs d'une prise de conscience des chrétiens de supplier dans la prière pour que Christ écrase définitivement l'Antéchrist (la papauté) et inaugure le Millénium. Traduisons un passage de ses *Pensées sur le Réveil religieux actuel, en Nouvelle-Angleterre*, part.2, section.2 :

« Il n'est pas improbable que cette œuvre de l'Esprit de Dieu, si extraordinaire et si merveilleuse, soit en quelque sorte l'aurore, ou peut-être le prélude du glorieux travail de Dieu, si souvent annoncé dans l'Écriture, qui au terme de son progrès renouvellera le monde. Si nous considérons quel grand laps de temps s'est écoulé depuis que cette période a été prédite, ainsi que les choses ce qui doivent la précéder, combien longue a été l'attente de l'Église, et combien d'hommes de Dieu éminents ont cru qu'elle était proche, nous ne pouvons pas raisonnablement penser autre chose sinon que le début de ce grand ouvrage de Dieu doit être imminent. »

Mieux, Edwards explique pourquoi il pense que le Millénium débutera en Amérique (dire aux États-Unis serait un anachronisme : le grand réveil a lieu une génération avant la déclaration d'indépendance ; Edwards ne la connaîtra pas, il meurt en 1758) :

« Plusieurs choses rendent probable que cette action de Dieu commencera en Amérique. Esaïe.60.9 nous apprend qu'elle sera initiée dans une partie du monde fort lointaine sans communication avec les autres parties du monde, sinon par la navigation : Car les îles s'attendront à moi, et les navires de Tarsis viendront les premiers pour ramener tes fils de loin, avec leur argent et leur or, au nom de l'Éternel, ton Dieu, et vers le Saint d'Israël, parce qu'il t'a glorifié ! Il est complètement évident que tout ce chapitre est une prophétie de la période de prospérité la plus glorieuse sur terre de l'Église, dans les derniers jours. Je ne peux pas imaginer que par les îles lointaines dont parle ce verset, il puisse être question d'un autre pays que l'Amérique. Il est vrai que dans d'autres passages prophétiques, ceux qui annoncent le temps de l'Évangile, les îles désignent souvent l'Europe. Il en est ainsi pour les prophéties qui prévoient la diffusion de l'Évangile après la résurrection de Christ, car cette partie du monde était éloignée de celle où l'Église se situait, et parce qu'on y allait par mer. Mais la prophétie d'Esaïe que j'ai citée, ne peut pas s'appliquer à la conversion de l'Europe dans les premiers siècles, il s'agit d'un temps beaucoup plus glorieux, et par conséquent une autre partie du monde doit être désignée sous les mots d'Îles de Tarsis. D'ailleurs la diffusion de l'Évangile n'a pas commencé en Europe, mais à Jérusalem, pour se poursuivre en Asie mineure, avant d'atteindre l'Europe. Il est donc question dans la prophétie d'Esaïe, non des temps primitifs, mais d'un travail de Dieu à la fin des temps, et elle désigne l'Amérique comme le lieu qui produira les prémices de cette glorieuse période. » (*Ibidem*)

L'eschatologie d'Edwards pourrait en un mot être qualifiée d'*optimiste*, par opposition à l'eschatologie *pessimiste* des pré-millénaristes, qui s'attendent à l'apparition soudaine d'un antéchrist personnel, puis d'une grande tribulation mondiale devant durer sept ans. De manière générale les puritains de l'époque d'Edwards assimilaient la grande Babylone et l'Antéchrist, à l'Église catholique romaine avec son système papal, dont le règne devait durer 1260 années (un temps, des temps et la moitié d'un temps). Mais comme on ne savait pas bien de quelle année il fallait dater le premier pape-antéchrist, ils n'étaient pas tous d'accord sur l'année où surviendrait la fin de ces 1260 ans, la chute du dernier pape, et le début du Millénium. Ainsi on le verra plus dans la traduction de la troisième partie de l'*humble essai*, Edwards s'oppose à un certain LOWMAN, exégète qui prétendait faire se terminer le règne de l'antéchrist vers 2010, ce qui n'arrangeait pas l'auteur pour motiver ses contemporains à s'unir dans une prière universelle visant à réclamer l'instauration imminente du royaume de Dieu.

Est-ce à dire que le post-millénarisme de Jonathan Edwards soit le même que celui dont se réclame volontiers la mouvance néo-calviniste, qui à la fin du XXe siècle aux États-unis a pris le pas sur le dispensationalisme Scofield dans la faveur pastorale ? Non, ils diffèrent grandement : le post-millénarisme actuel est en somme un a-milléranisme qui n'ose pas dire son nom. Christ reviendra après le millénium soit, mais comme on ne sait jamais si ce millénium a déjà débuté, ou quand il débutera, et qu'il ne dure d'ailleurs pas littéralement mille ans, toute spéculation sur un calendrier eschatologique est exclue. Quant à l'identité de l'antéchrist, c'est un système plutôt qu'une personne, mais l'on ne s'aventurera plus à dire qu'il s'agit de celui de Rome. Edwards, au contraire, se *mouille* considérablement dans son interprétation des prophéties, puisqu'il va jusqu'à proposer une époque pour le début du millénium, et même un pays pour sa première manifestation, le sien ! Quoi qu'on puisse penser des erreurs aujourd'hui manifestes de ses calculs, la motivation de son appel à la prière est sans arrière-pensée, Edwards croit sincèrement à un millénium littéral au terme duquel Christ reviendra physiquement. Tandis que l'origine du post-millénarisme néo-réformé tient surtout au désir d'éviter tout opprobre semblable à celui qui atteint les dispensationalistes pour avoir annoncé l'enlèvement de l'Église avant l'an 2000. Ne s'engageant sur rien le post-millénarisme néo-réformé rend inutile l'étude de la prophétie.

Se réclamer de Jonathan Edwards est devenu une sorte de schiboleth obligé dans l'internet évangélique, car les échos de sa réputation de génie théologique ne datent pas d'hier mais ont été abondamment répercutés après sa mort par mainte page de littérature religieuse américaine. Le lire et le comprendre est une autre affaire. Comme toujours il faut replacer l'homme dans son siècle pour pouvoir faire le tri entre ce qui, dans le nôtre, nous sépare intellectuellement de son exégèse biblique et ce qui intemporellement nous réunit dans une même foi en Christ.

Dans ce même passage des *Pensées sur le Réveil* où Edwards explique pourquoi il pense que le Millénium commencera en Amérique (et plus spécialement en Nouvelle Angleterre), il suggère aussi, en se basant sur le chapitre 38 d'Esaïe[a], que Dieu bouleversera tellement l'ordre naturel des choses en réponse aux prières de son Église, que le soleil se lèvera à l'Ouest pour aller vers l'Est, comme type de la résurrection de Jésus-Christ, qui réapparaît au lieu où il avait été couché. La science moderne a profondément transformé notre vision de l'univers physique, et aucun pasteur ne soutiendrait aujourd'hui une pareille supposition ; le fait que les bizarreries de l'exégèse d'Edwards ne soient jamais signalées par les commentateurs modernes confirme d'ailleurs que ses ouvrages ne sont quasiment plus lus, comme c'est le cas pour la quasi totalité de la littérature théologique de son époque. Abstraction faite des fossés inévitables que la marche de l'Histoire creuse entre les générations, le désir consumant de Jonathan Edwards de voir s'établir le règne de

---

a. Histoire du miracle du recul de l'ombre sur le cadran solaire, comme signe de la prolongation de la vie d'Ezéchias.

Christ sur toute la terre, sa persévérance à essayer de saisir les mystères des prophéties de l'Apocalypse, son engagement pratique pour hâter le jour de Christ, ne peuvent qu'éveiller une passion semblable dans le cœur chrétien, et lui laisser le sentiment qu'il vaut mieux se tromper comme Edwards en attendant l'époux, quitte à avancer des spéculations peu justifiées sur les circonstances de sa venue, qu'avoir raison dans l'indifférence, et dans la négligence de la lampe prophétique que l'Esprit saint a laissée à son Église.

2. La traduction de 1823.

En 1744, quelques ministres de l'Évangile en Ecosse prenant en considération l'état de l'Église et du monde, jugèrent « que la divine providence appelait impérieusement ceux que le bonheur de Sion intéressait, à s'unir pour adresser à Dieu des prières extraordinaires, afin qu'il daignât manifester sa gloire et en même temps sa compassion pour le genre humain, par une abondante effusion de son Saint-Esprit sur toutes les Églises de la terre. »

Ces dignes ministres résolurent de consacrer, pendant deux ans, une partie de la soirée du samedi et de la matinée du dimanche de chaque semaine, à ce dessein pieux, et d'y employer plus solennellement le premier mardi de chaque trimestre.

En peu de temps il se forma à ce sujet trente sociétés

de jeunes gens à Edimbourg, et environ quarante-cinq à Glasgow. Au bout des deux ans, un mémoire fut publié, dans lequel on proposait de continuer des prières de concert pendant sept ans : ce mémoire circula dans toute l'Angleterre et fut envoyé en Amérique, où les ministres de Boston le recommandèrent à l'attention des Églises, ce qui donna l'occasion au révérend *Jonathan Edwards* d'écrire l'ouvrage duquel sont extraites les pages suivantes.

Le plan de prières en commun, tel qu'il avait été conçu dans l'origine, ne fut pas généralement adopté en Angleterre ; mais plusieurs personnes pieuses, de diverses dénominations, fixèrent cependant les époques qui leur convenaient le mieux, pour remplir ce devoir.

Dans l'an 1795, la société des missions fut établie à Londres, et bientôt après les directeurs de cette société recommandèrent à tous leurs frères de s'assembler pour prier en faveur des missions, le soir du premier lundi de chaque mois. Il fut convenu que ces réunions auraient lieu dans les temples nombreux de la capitale et de ses environs, dont les desservants étaient membres ou amis de la société ; qu'un ministre y prononcerait un discours, et qu'on y lirait les nouvelles qu'on recevrait des missions dans les différentes parties du monde. Le nombre de ces assemblées s'est considérablement accru à Londres et dans son voisinage, ainsi que dans les principales villes du royaume, et elles sont en général fort suivies. On en tient aussi à la même heure et le même jour en Hollande, en Suisse, en Allemagne, en Amérique, en Asie, en

Afrique, enfin dans tous les pays où les missionnaires des sociétés anglaises ont pénétré ; et un nombre immense de personnes se trouve offrir au même instant des supplications au Dieu de toute bonté, pour un monde plongé dans l'ombre de la mort, et pour la propagation du glorieux Évangile de notre salut. Ainsi le plan d'union dans la prière, si fortement recommandé par le président *Edwards*, est adopté en assez grande partie par le monde chrétien.

Mais il n'y a sans doute que trop de motifs de réveiller parmi les fidèles le zèle pour ce devoir important de la prière ; et, à cet effet, l'éditeur choisissant les parties les plus essentielles de l'*Essai d'Edwards*, l'a réduit à une dimension qui, à ce qu'il espère, le mettra à la portée d'un plus grand nombre de lecteurs. Heureux si ces pages pouvaient engager des millions de chrétiens, en France, à s'unir pour présenter à Dieu de ferventes prières pour la propagation de l'Évangile et le succès des missions !

> Ainsi a dit l'Éternel des armées : Il viendra encore des peuples et les habitants de villes nombreuses. Les habitants de l'une iront à l'autre, disant : Allons, allons implorer l'Éternel et rechercher l'Éternel des armées. Moi aussi je veux aller ! Et des peuples nombreux, de puissantes nations viendront rechercher l'Éternel des armées à Jérusalem et implorer l'Éternel. (Zacharie.8.20-22)

Depuis le temps de Zacharie jusqu'à l'avènement du Christ, aucun événement n'a eu lieu qui répondît à la prophétie sur le glorieux avancement de l'Église de Dieu que renferme ce chapitre, et elle ne peut avoir son accomplissement que dans la gloire future de l'Église aux derniers âges du monde ; ces temps si souvent prédits par les prophètes, particulièrement par Zacharie à la fin de ses prophéties.

Dans ce passage remarquable nous apprenons comment la gloire de l'Église de Dieu pourra être avancée : « Par de grandes multitudes formant la résolution de chercher Dieu, dans des prières extraordinaires, afin qu'il daigne se manifester aux hommes et leur accorder les gages et les fruits de sa gracieuse présence. »

Ceci est d'accord avec les paroles du même prophète (Zach.11.10) : Et je répandrai sur la maison de David et sur les habitants de Jérusalem l'esprit de grâce et de supplications.

Cette disposition à s'unir dans la prière se répandra toujours davantage, jusqu'à ce qu'elle réveille enfin le sentiment de l'amour de Dieu et le zèle pour son service dans le cœur de son peuple ; ce sera aussi un moyen de tirer les autres hommes de leur aveuglement, en excitant en eux une juste inquiétude pour leur félicité spirituelle et éternelle.

Les habitants d'une ville iront chercher les habitants d'une autre ville, en disant : « Allons, hâtons-nous de prier le Seigneur. » Ceux à qui la proposition sera faite y accéderont avec joie, et ce saint exercice deviendra une habitude prédominante chez les hommes.

Nous voyons dans cette prophétie qu'une telle communauté de prières sera agréable à Dieu, et suivie des plus glorieux succès, et que, lorsque plusieurs nations, dans différentes parties du monde, se réuniront expressément pour offrir à Dieu de ferventes et constantes prières, nous pourrons espérer ces grandes effusions du Saint-Esprit, qui amèneront l'avancement de l'Église et du règne de Christ, si souvent promis dans les saintes Écritures.

Maintenant je présenterai quelques considérations tendant à engager les fidèles à s'unir pour remplir le grand devoir de la prière,

La gloire du dernier jour non encore accomplie.

Il est évident, d'après l'Écriture, qu'il reste encore beaucoup à faire pour l'avancement de la religion et du règne de Christ en ce monde, et qu'il faudra avant, pour cela, que les grâces du Saint-Esprit se répandent beaucoup plus abondamment qu'elles ne l'ont fait jusqu'ici. Il est certain que plusieurs choses qui ont été écrites, touchant les glorieux temps de prospérité de l'Église, aux derniers jours, n'ont pas encore été accomplies. On n'a encore jamais vu la religion propagée et prédominante, au degré d'*étendue* et d'*universalité* représenté dans les prophéties. Divers passages de l'Écriture prédisent, en termes variés et pleins de force, « qu'un temps viendra où toutes les nations embrasseront la véritable religion, et seront admises dans l'Église de Dieu. » Il a été souvent promis aux patriarches que, « dans leur postérité, toutes les nations, ou (comme cela est souvent exprimé) toutes les familles de la terre, seraient bénies. » Conformément à cela, il est dit du Messie, en Psa.122.11 : Toutes les nations le serviront ; et v. 17 : Les hommes seront bénis en lui, et toutes les nations le proclameront heureux ; en Esaïe.2.2, il est dit : Toutes les nations afflueront à la montagne de la maison du Seigneur ; et en Jérémie.3.17 : Toutes les nations seront rassemblées en Jérusalem, au nom du Seigneur, et ne marcheront plus dans la dureté de leur mauvais cœur ; — Esaïe.66.23, Toute chair viendra se prosterner devant l'Éternel ; Esaïe.40.5, Toute chair verra la gloire de l'Éternel ; Esaïe.65.2, Toute créature viendra à l'Éternel. Et le Christ lui-même compare le règne de Dieu, en ce monde, à du levain qu'une femme prend et mêle avec trois mesures de farine, jusqu'à ce que la pâte soit toute levée (Matt.12.33).

Il est naturel de supposer que le monde entier appartiendra finalement au Christ, comme étant l'héritage de celui qui est originellement le roi de toutes les nations, le maître des cieux et de la terre. Les Écritures nous enseignent, en effet, que Dieu le Père a constitué son Fils héritier du monde, afin qu'il ait les païens pour son héritage, et qu'il possède la terre jusqu'à ses dernières extrémités (Héb.1.2 ; 2.8 ; Psa.11.6-8). Dieu l'a investi de cette domination universelle par un serment solennel. Esaïe.45.23 : J'ai juré par moi-même, et la parole sortie de ma bouche en toute justice ne sera point révoquée, que tous les genoux se plieront devant moi, et toutes les langues confesseront mon nom. (Comp. avec Phil.2.10-11.) Quoique ce serment solennel doive être entendu comme s'appliquant aux choses qui seront accomplies au jour du jugement, cependant il est évident, par les versets qui précèdent et ceux qui suivent, que la chose que l'on doit entendre le plus directement, est ce qui sera accompli, en répandant l'Évangile du salut, et portant les habitants des extrémités de la terre à se tourner vers Dieu pour être sauvés, et à venir à celui qui est la source de la force et de la justice, et en qui ils seront justifiés et glorifiés.

Dieu a permis que plusieurs princes de la terre étendissent leurs conquêtes, et possédassent des royaumes d'une vaste étendue. Il a permis qu'une monarchie triomphant d'une autre monarchie et vînt lui succéder. N'est-il pas raisonnable de supposer qu'il réserve une gloire bien plus grande au Christ, son propre fils, son héritier légitime, qui a acheté l'empire à un prix si haut, si précieux ? N'est-il pas raisonnable de supposer que sa domination sera la plus grande, ses conquêtes les plus étendues qui aient jamais été ?

L'Écriture nous offre un emblème de ceci dans l'interprétation donnée par le prophète Daniel, de la vision de Nabuchodonosor : quatre grands empires se succédant les uns aux autres, y sont représentés par une statue d'or, d'argent, d'airain, de fer, et d'argile ; mais, à la fin, une pierre coupée sans mains vient frapper les pieds de la statue ; alors furent brisés ensemble le fer, la terre, l'airain, l'argent et l'or, et ils devinrent comme la paille de l'aire d'été, que le vent transporte çà et là, et il ne fut plus trouvé aucun lieu pour eux ; mais cette pierre qui avait frappé la statue, devint une grande montagne, et remplit toute la terre (Daniel.2.34-35) ; ce qui désigne le royaume que le Dieu du ciel établira le dernier sur la terre, et qui doit briser et consumer tous les autres. Sans doute, un tel emblème nous conduit à supposer que ce dernier royaume surpassera de beaucoup ceux qui l'auront précédé, et en force et en étendue.

Le même symbole nous est offert dans le chap. 7 de Daniel : là on représente les quatre empires, par quatre animaux qui s'élèvent successivement et subjuguent les autres : le quatrième et dernier est dépeint différent de tous les autres et fort terrible, duquel les dents étaient de fer et les ongles d'airain, qui mangeait et brisait, et foulait à ses pieds ce qui restait ; de plus il est dit au verset 23, que le royaume représenté par cette bête dévorera toute la terre ; mais à la fin de tout, un homme semblable au fils de l'homme vint jusqu'à l'ancien des jours, et il lui donna *une domination éternelle* qui ne passera point, et toutes les nations, tous les peuples et toutes les langues le serviront. Cette dernière circonstance distingue manifestement ce saint royaume de toutes les dominations précédentes.

La prédominance universelle de la vraie religion dans les derniers jours, est exprimée dans certains passages ou il est dit qu'elle parviendra aux extrémités les plus reculées de la terre (Psa.2.8), à toutes les extrémités de la terre et du monde (Psa.22.27 ; 67.7 ; 98.3 ; Esa.2.22 ; 45.5), du levant au couchant (Psa.113.3 ; Math.1.11).

Il serait déraisonnable de dire que ce sont là seulement des figures hardies de poésie orientale, par lesquelles on a voulu exprimer la grande extension de l'Église chrétienne, dans le temps de Constantin et les siècles suivants. Ce serait vouloir dire qu'il eût été impossible à Dieu de faire une prédiction concernant toutes les nations de la terre. Je doute qu'il soit possible de trouver une manière plus frappante d'exprimer l'universalité absolue de la connaissance de la vraie religion, que celle que nous voyons dans Esa.11.9 : La terre sera remplie de la connaissance du Seigneur, comme le fond de la mer, des eaux qui le couvrent. De même qu'il n'y a, dans l'immense cavité qui sert de lit à la mer, aucune place qui ne soit couverte par ses eaux, ainsi il n'y aura aucune partie de la terre habitable qui ne soit éclairée de la lumière de l'Évangile et possédée par la vraie religion.

Il paraît évidemment qu'un temps viendra où il n'y aura pas une seule nation dans le monde qui n'embrasse cette vraie religion. Dieu nous a révélé expressément qu'une nation semblable ne sera point laissée sur la terre (Esa.60.12). La nation et le royaume qui ne serviront point Dieu périront ; même ces nations-là seront réduites à une entière désolation. Dieu a dit : Les dieux qui n'ont point fait les cieux et la terre, disparaîtront de dessus la terre et de dessous les cieux ; ils ne sont que vanité, et un ouvrage trompeur ; ils périront au temps que Dieu les visitera. Cela doit s'appliquer au temps où la terre subsistera encore, c'est-à-dire avant la fin du monde.

Les prophéties du Nouveau Testament ne prouvent pas moins évidemment que l'Évangile prédominera à la fin des temps, et que le règne de Christ s'étendra sur toute la terre habitable. Le Christ dit (Jean.12.32) : Quand j'aurai été élevé de la terre, j'attirerai tous les hommes à moi. Puisque le Fils de Dieu s'étant fait homme, il est juste qu'il domine sur tout le genre humain ; puisqu'il est devenu habitant de la terre, et a répandu son sang sur la terre, il est juste qu'il la possède tout entière. Quand nous voyons qu'il a bien voulu devenir un serviteur, être assujetti aux hommes, qu'il a été accusé devant eux, jugé, condamné, exécuté par eux ; qu'il a souffert enfin une mort ignominieuse en présence des Juifs et des gentils, étant crucifié sur le haut d'une montagne, près de Jérusalem, aux yeux de plus de cent mille spectateurs ; quand nous voyons tout cela ne doit-il pas nous paraître juste qu'il en soit récompensé par une domination universelle sur la race humaine.

L'apôtre saint Paul, dans le onzième chapitre de l'épître aux Romains, nous enseigne que l'abondance des grâces du Saint-Esprit qui amenait en ces temps un si grand nombre d'âmes à Christ, premièrement parmi les Juifs, ensuite parmi les gentils, n'était que les prémices d'une plus grande récolte et chez les uns et chez les autres (v. 16). Car si les prémices sont saintes, la masse l'est aussi ; et si la racine est sainte, les branches le sont aussi. Et dans le courant du chapitre, l'apôtre parle de la plénitude des Juifs et des gentils, comme d'une chose qui devait arriver par la suite, distincte de ce qui devait être recueilli parmi eux dans les premiers âges du christianisme. Il parle, dans le v. 12, de la richesse des Juifs, et, dans le v. 25, de la multitude des Gentils ; il parle, dans les versets 30 et 32, de l'infidélité et des ténèbres qui ont prédominé chez tous les peuples gentils, avant la venue de Christ et depuis sa venue chez les Juifs, comme d'une sage disposition pour manifester la glorieuse miséricorde de Dieu envers le monde entier (Juifs et Gentils), quand le temps sera arrivé. Dieu les a tous renfermés dans la rébellion pour faire miséricorde à tous ; ces passages montrent clairement que le temps vient où tout le genre humain sera amené dans le sein de l'Église de Dieu.

Dans le grand et dernier conflit entre l'Église de Christ et ses ennemis, avant le commencement du glorieux temps de paix et de repos, les rois de la terre et le monde entier seront rassemblés, dit l'apôtre (Apo.11.17). Et alors le septième ange verse sa coupe dans l'air ; ce qui borne la domination de Satan comme dieu de ce monde, et cette domination est représentée comme entièrement détruite (v. 17). Dans une autre description de cette grande bataille, le Christ est représenté arrivant à cheval, portant sur sa tête plusieurs couronnes, et sur son vêtement et sur sa cuisse un nom écrit ; le Roi des rois et le Seigneur des seigneurs (Apo. ch. 19). Et dans le verset 17, un ange apparaît dans le soleil et crie à tous les oiseaux du ciel de venir manger les chairs des rois et des grands capitaines, etc. ; et en conséquence de la grande victoire remportée par le Christ en ce temps, un ange descend du ciel, ayant à la main la clef de l'abîme sans fond, et une grande chaîne qu'il jette sur le démon, et l'attache, et l'entraîne dans l'abîme qu'il ferme sur lui, et y appose un sceau, afin qu'il ne puisse plus tromper les nations.

Prétendrait-on que toutes ces prophéties ne signifient autre chose, sinon qu'un tiers du monde sera amené à l'Église de Christ ; non sans doute. Or, l'on ne peut soutenir que la religion chrétienne ait jamais embrassé un tiers du monde, même dans sa plus grande extension, puisque les contrées appartenant à l'empire romain, qui se convertirent au christianisme après le règne de Constantin, ne sont qu'une petite partie de ce qui forme actuellement le monde habitable. Il est donc évident que le grand accomplissement des prophéties qui parlent du glorieux avancement du règne de Christ sur la terre, est encore à venir.

Et de même que l'état de la religion, tant sous le rapport de l'étendue que sous celui de l'éclat, ne répond pas encore aux prophéties ; *sa durée,* telle qu'elle a été prédite, n'a pas non plus été vue jusqu'ici. Les prophéties disent que Jérusalem deviendra la joie de toute la terre, et, de plus, la joie de plusieurs générations (Psa.48.2 ; Esa.60.15). Que les enfants de Dieu jouiront du travail de leurs mains (Esa.65.22). Qu'ils régneront mille ans avec Christ (Apo.20.4), et par cela nous devons au moins entendre un temps très long. Mais nous ne finirions point si nous voulions citer tous les passages qui signifient que le temps de paix et de prospérité sera de longue durée. Non seulement presque toutes les prophéties qui parlent de la gloire du dernier jour impliquent cette idée ; mais plusieurs d'entre elles annoncent de plus qu'une fois ce jour venu, il ne finira qu'avec le monde. Alors les jours de deuil seront finis ; les tribulations seront comme les eaux de Noé devant Dieu ; il avait juré que les eaux ne couvriraient plus la terre ; ainsi il jurera qu'il ne sera plus courroucé contre son peuple. Il n'y aura plus ni jour ni nuit, afin que la lumière ne soit jamais obscurcie, c'est-à-dire, qu'il n'y aura plus d'alternative de lumière et de ténèbres, mais un jour continuel. Les nations changeront leurs épées et leurs lances en charrues et en serpettes ; les hommes n'apprendront plus à se faire la guerre les uns aux autres, mais ils jouiront de l'abondance et de la paix tant que les astres des cieux existeront. (Michée.4.3 ; Esaïe.2.4)

Toutefois, il est vrai de dire que l'Église de Dieu n'a jamais encore joui de la paix et de la prospérité pendant un long espace de temps ; au contraire, les temps de son repos ont toujours été courts. La tranquillité des chrétiens après Constantin a duré fort peu. L'empire ne fut pas plus de vingt ans libre du fléau de la guerre ; et cet intervalle de paix ne fut pas plus long que ceux dont il avait joui sous quelques-uns des empereurs païens. Après cela l'empire fut déchiré par des guerres intestines et dévasté par les barbares ; et le monde *chrétien* bientôt troublé par les hérésies et les divisions de l'Église. Jamais l'Église de Christ n'a été à aucune époque longtemps exempte de persécution, surtout quand la vérité y a prédominé, et que la véritable religion a fleuri jusqu'ici ; le peuple de Dieu a été dans un état de sujétion, et ses ennemis ont insulté à ses misères.

Il est donc vraisemblable que le *dernier royaume* sera celui du propre Fils de Dieu ; et, quelles que soient les révolutions par lesquelles le monde sera agité pendant longtemps, la cause de la vérité triomphera enfin, et le peuple de Dieu possédera la terre. Il est naturel que toutes choses soient ébranlées jusqu'à l'arrivée du règne qui doit être inébranlable, et que la sagesse du Sauveur du monde se manifeste en amenant un si glorieux résultat. Dieu l'a ordonné ainsi dans sa justice et sa miséricorde, afin que l'Église, à travers tous les changements qu'elle peut subir, eût toujours présente, pour soutenir ses espérances, animer sa foi et ses prières, de générations en générations, la promesse que Dieu a faite, qu'un temps viendra où son royaume s'étendra sur le monde entier.

Grandeur indicible de la gloire du dernier jour.

Cet avancement futur du règne de Christ est un événement heureux et glorieux au-delà de toute expression.

Les Écritures en parlent comme d'un temps où Dieu et son fils Jésus Christ *seront glorifiés sur la terre au plus haut degré :* un temps dans lequel Dieu qui, jusque-là, avait habité parmi les chérubins, et s'était caché dans le saint des saints au fond de son tabernacle, derrière un voile impénétrable, se manifestera aux yeux des hommes. Et toute chair verra sa gloire, et tout le peuple de Dieu jouira du privilège que le grand-prêtre sous la loi judaïque avait une fois l'année, et qui fut accordé à Moïse, sur la montagne : un temps dans lequel tout le peuple de Dieu *verra la lumière divine,* non une seule fois comme Moïse, ou une fois par année comme le grand-prêtre ; car l'Éternel sera pour lumière perpétuelle, et les jours de deuil seront finis (Psa.89.15 ; Esa.60.19), et cette lumière sera plus éclatante que celle du soleil et de la lune ; car la lune rougira, et le soleil sera honteux quand l'Éternel des armées régnera sur la montagne de Sion, et ce ne sera que gloire en la présence de ses anciens (Esa.24.23).

Ce temps est représenté comme un temps *de grand accroissement de connaissances,* particulièrement sur les choses divines ; un temps où le Seigneur déchirera le voile qui est étendu sur toutes les nations (Esa.25.7). La lumière de la lune égalera celle du soleil, et la lumière du soleil sera sept sois plus grande (Esa.30.26), et les yeux de ceux qui verront ne seront plus obscurcis, et le cœur de l'insensé comprendra la science (Esa.36.4). Chacun d'eux n'enseignera plus son prochain, ni le frère son frère, en disant connaissons l'Éternel ; car ils le connaîtront tous, depuis le plus petit jusqu'au plus grand (Jér.31.34). Il est déclaré que sera un temps de *sainteté générale* (Esa.10.30). Ceux de ton peuple seront tous justes (Esa.60.21). Les petits enfants seront comme s'ils avaient cent ans pour les connaissances spirituelles (Esa.65.21). Un temps où celui qui sera le plus faible parmi le peuple de Dieu, sera comme David (Zach.11.8). Un temps où toutes choses seront empreintes de sainteté ; les affaires communes de la vie, les ustensiles nécessaires à la vie seront sanctifiés devant le Seigneur (Zach.14.20-21).

A cette époque, le *véritable christianisme* sera en tous points triomphant dans le monde ; Dieu permettra que son Église s'élève, secoue la poussière qui la couvre, se pare de ses plus beaux habits et se place sur un trône. Et le pauvre sera tiré de la poudre, le mendiant de son galetas, et ils seront placés parmi les princes et mis en possession de la gloire de Dieu. Une piété vivifiante s'emparera de ceux qui habitent les palais ; et ceux qui seront les plus éminents par leur rang seront aussi les plus éminents en sainteté (Esa.49.23). Il régnera alors une merveilleuse union, une douce et universelle harmonie entre toutes les nations, qui changeront leurs armes en instruments de labourage ; et Dieu fera cesser la guerre d'une extrémité du monde à l'autre, il brisera l'arc et la lance, et brûlera le chariot de guerre : et l'agneau pourra habiter en sûreté avec le loup, et le peuple de Dieu sera sûr et paisible dans le lieu de son repos (Esa.31.17-18).

Toutes les hérésies et *les fausses doctrines seront extirpées*, et l'Église de Dieu ne sera plus déchirée par des opinions contraires (Zach.14.9). Le Seigneur sera roi de toute la terre : en ce jour il n'y aura qu'un seul Seigneur, et son nom sera le seul nom. Toutes les pratiques de dévotions superstitieuses seront abolies, et Dieu sera servi ainsi qu'il a ordonné de le faire et selon la pureté de ses institutions (Jér. 31.39) : Je leur donnerai un cœur et une voie, afin qu'ils puissent me craindre à jamais pour leur bien et celui de leurs enfants. Toute la terre unie formera une sainte cité, une famille céleste ; les hommes de toutes les nations seront comme s'ils habitaient sous le même toit, ils communiqueront ensemble comme des enfants du même père rassemblés dans la maison du Seigneur pour adorer le Dieu des armées.

Il nous a été enseigné que nous devons nous attendre à voir arriver un temps *de joie et de félicité* pour toute la terre, où, d'une extrémité du monde à l'autre, retentiront des chants dans lesquels on dira gloire au juste. Dieu préparera sur sa montagne un festin délicieux.

Les Écritures représentent ce temps, non seulement comme un temps de joie universelle sur la terre, mais de joie extraordinaire dans le ciel parmi les Anges, les Saints, les Apôtres et les Prophètes (Apo.18.20 ; 19.9) ; ce temps est annoncé comme un temps de joie pour le Christ lui-même (Zach.3.17). Le Seigneur ton Dieu est puissant en toi, il veut te sauver ; il se réjouira de ton salut par des chants ; vous sortirez avec allégresse et vous serez conduits en paix ; les montagnes et les coteaux éclateront de joie avec un chant de triomphe devant vous, et tous les arbres des champs y applaudiront (Esaïe.45.12). »

L'état futur qui nous est promis étant tel, il est assurément de notre devoir de prier pour son avènement. En effet, si nous voulions réfléchir sérieusement sur toutes choses, la considération de la gloire de Dieu, l'intérêt pour l'honneur de notre Rédempteur, l'amour de son peuple et de notre prochain en général, la compassion pour les calamités qui, sous tant de formes diverses, affligent le genre humain, le désir de son bien-être temporel et spirituel ; enfin, l'affection pour notre pays, nos proches, nos amis, nous-mêmes, tout devrait nous disposer à prier avec ardeur et persévérance pour que l'aurore de ce beau jour qui amènera l'accomplissement de cet heureux événement nous apparaisse.

Encouragements ; Préceptes ;
Exemples pour l'exercice de la prière.

Les Saintes Écritures abondent en encouragements, en préceptes et en exemples tendant à exciter le peuple de Dieu à lui demander, par la prière, la miséricorde qu'il a promise.

Le principal objet pour lequel les chrétiens doivent prier, est la plus précieuse des grâces achetées par le Rédempteur. Ainsi, quand les disciples vinrent demander au Christ de leur enseigner comment ils devaient prier, et qu'il leur eut donné des instructions ce point, il ajouta : Si donc, vous qui êtes méchants, savez bien donner à vos enfants des choses bonnes, combien plus votre Père qui est aux cieux donnera-t-il des biens à ceux qui les lui demandent ? (Matth.7.11) De là nous pouvons inférer qu'il n'est aucune grâce que nous soyons appelés à demander par des prières, aussi ardemment que celle du don du Saint-Esprit ; plus le bienfait dont nous avons besoin est excellent, plus l'Être-Suprême est disposé à l'accorder à nos prières. La bonté infinie de Dieu s'en réjouit ; Jésus-Christ, notre Rédempteur, en a plus de succès dans ses glorieux travaux ; et les désirs qui ont pour objet la plus excellente des bénédictions, étant les désirs les plus excellents, ce sont aussi ceux que Dieu approuve le plus et qu'il est le plus disposé à satisfaire.

Les Écritures nous invitent, non seulement à prier en général pour le Saint-Esprit par dessus toutes choses ; mais elles nous révèlent que la volonté de Dieu est que son Église prie spécialement pour cette *surabondance* du Saint-Esprit dans les derniers jours, avec tous les glorieux effets qu'elle doit produire. Ezéchiel, en parlant de cet heureux événement (ch. 36), sous la figure de la maison d'Israël nettoyée, réparée, repeuplée d'hommes, qui seront comme le troupeau sacré de Jérusalem dans ses jours de fête, dit au verset 37 : Le Seigneur a dit : Je voudrais cependant que le peuple d'Israël me demandât que je fisse cela pour lui. Ceci implique, sans doute, que Dieu veut, avant de répandre ses grâces sur nous, que nous les lui demandions par des prières extraordinaires.

Dans aucun passage de la Bible, l'*importunité* avec laquelle nous sommes appelés à prier, n'est exprimée aussi fortement que dans les sixième et septième versets du soixante-deuxième chapitre d'Esaïe : Vous qui faites souvenir de Éternel, ne vous donnez point de repos, et ne lui donnez point de repos qu'il n'ait rétabli Jérusalem en un état renommé sur la terre. Combien cette expression est frappante ! Combien cet appel à l'Église, pour offrir sans cesse de ferventes prières, est impérieux ! Combien la manière dans laquelle les êtres rampants dans la poussière, doivent s'adresser à celui qui est élevé dans les demeures éternelles, est décrite admirablement ! Et quel encouragement à s'approcher du trône de miséricorde avec liberté, constance, hardiesse, confiance, afin d'obtenir la plus grande faveur qui puisse être demandée par des prières chrétiennes.

Un ministre d'un mérite éminent a justement observé, en parlant de l'obligation de prier pour la propagation de l'Évangile, comme elle nous est tracée dans l'Oraison Dominicale, que, malgré la concision de cette prière, la moitié des demandes qu'elle contient, c'est-à-dire trois sur six, et les premières, sont relatives à ce grand objet, en sorte qu'en les offrant séparément, ou réunies, on prie pour que la dispensation de l'Évangile soit bénie de Dieu. Ce glorieux jour est le temps fixé pour l'accomplissement des choses demandées dans ces trois articles ; et de même que la prière dominicale commence par ces trois premières demandes, elle se termine aussi par ces mots : Car c'est à toi qu'appartiennent le règne, la puissance et la gloire au siècle des siècles. Amen. Ainsi le Christ nous apprend qu'il convient à ses disciples de rechercher cette grâce par dessus toutes les autres, d'en faire le premier et le dernier objet de leurs prières, et de subordonner toutes les autres demandes à l'avancement du règne et de la gloire de Dieu en ce monde.

Outre ce que nous avons remarqué dans l'Oraison Dominicale, si nous parcourons la Bible, nous trouverons que, dans tous les modèles de prières qui y sont offerts, le plus grand nombre porte sur la délivrance, la restauration, la prospérité de l'Église, et l'avancement de la gloire de Dieu et de son règne dans ce monde. Considérons les prières renfermées dans les livres des psaumes, nous verrons que la plupart sont prononcées, soit au nom du Christ, soit au nom de l'Église, et la plus grande partie de ce livre consiste en prières, prophéties et louanges relatives au triomphe de la Croix.

Les Écritures ne révèlent pas seulement l'*existence de ce devoir*, mais elles encouragent encore les chrétiens à en espérer d'*heureux résultats*. Il n'est peut-être aucune chose que la Bible promette aussi fortement et aussi fréquemment pour exciter et animer la foi, l'espérance et les prières des saints ; or, sans doute, ce dont Dieu a fait le sujet spécial de ses promesses doit être aussi le sujet spécial des prières de son peuple. Avec quelle confiance ne pouvons-nous pas nous présenter devant notre Créateur, et lui demander par la prière ce qu'il nous a garanti par des promesses si solennelles !

La première de toutes les promesses du Seigneur à l'homme déchu (Gen.3.15), elle écrasera la tête du serpent, aura son plein accomplissement en ce *jour ;* et l'Écriture-Sainte se termine par la promesse de la gloire de ce même jour, et par une prière pour son avènement (Apo.22.20) : Celui qui rend témoignage de ces choses dit : Oui, je viens bientôt ! Amen. Oui, Seigneur Jésus, *viens.*

Nous trouvons, en lisant les Écritures, de grandes raisons de croire que, lorsque l'esprit de prières deviendra général dans l'Église de Dieu, *ses promesses seront bientôt accomplies. . .* C'est évidemment dans ce sens que Dieu a parlé dans Esaïe.41.17-19 : Pour les affligés et les misérables qui cherchent des eaux, et qui n'en ont point, et dont la langue périt de soif, moi, l'Éternel, je les exaucerai ; moi qui suis le Dieu d'Israël, je ne les abandonnerai point. Je ferai sortir des fleuves des lieux élevés, et des fontaines du milieu des vallées ; je changerai le désert en étang, et la terre sèche en sources d'eau. Je ferai croître au désert le cèdre, le sapin, le myrte et l'olivier ; je mettrai ensemble dans la solitude le sapin, l'orme et le buis. Les eaux et les rivières spirituelles signifient le Saint-Esprit, selon l'apôtre Jean (Jean.7.37-39). Si le peuple de Dieu, dans ce temps de sécheresse extraordinaire, voulait sentir et cette calamité et ses pressants besoins, s'il voulait crier pour que l'on étanchât la soif qui le dévore, Dieu, n'en doutons pas, remplirait sa divine promesse. Il nous en fait une semblable dans Psa.102.16-17 : Quand l'Éternel aura rebâti Sion, qu'il aura été vu en sa gloire, qu'il aura regardé à la requête de celui qui est désolé, et qu'il n'aura pas méprisé sa requête. Les paroles du verset suivant sont des plus remarquables : Cela sera écrit pour les générations à venir, et le peuple qui sera créé de nouveau louera le Seigneur.

Ainsi, nous pouvons voir que Dieu a égard aux prières de ses Saints, dans ses dispensations pour le gouvernement de ce monde, par la figure renfermée dans le chapitre 8 de l'Apocalypse. Nous y voyons que sept anges se tiennent devant le trône de Dieu, et reçoivent de lui sept trompettes, au son desquelles de grands et terribles changements ont lieu dans le monde, pendant plusieurs siècles successifs. Mais après que ces anges ont reçu leurs trompettes, ils doivent demeurer en repos et en silence ; il n'est permis à aucun d'eux de sonner avant que les prières des Saints aient été entendues. L'ange de l'alliance, comme un glorieux grand-prêtre, se tient devant l'autel, offrant avec des parfums les prières de tous les saints sur l'autel d'or, devant le trône ; et la fumée de l'encens avec la prière des saints monte jusqu'à Dieu, de la main de l'ange ; alors les anges se préparent à sonner de la trompette, et Dieu, à chaque événement qui suit le son de chaque trompette, se rappelle ces prières, comme on le voit enfin par les glorieuses choses qu'il accomplit en faveur de son Église, pour répondre aux supplications qu'elle lui a adressées (Apo.9.15-17) Le septième ange sonna de la trompette, et de grandes voix se firent entendre dans le ciel, qui disaient : Les royaumes du monde sont soumis à notre Seigneur et à son Christ, et il régnera aux siècles des siècles. Alors les vingt-quatre vieillards qui sont assis sur leurs trônes, devant Dieu, se prosternèrent sur leurs visages, et adorèrent Dieu, disant : Nous te rendons grâces, Seigneur Dieu tout-puissant, qui es, qui étais et qui seras, de ce que tu as fait éclater ta grande puissance, et de ce que tu es entré dans ton règne. Puisque Dieu a voulu honorer son peuple, au point de conduire tous les desseins qu'il a sur son royaume par les prières de ses Saints, nous pouvons croire que, lorsqu'on verra dominer chez ce peuple un esprit de prière extraordinaire, pour l'avancement du règne de Christ, cet événement sera bien près d'être accompli.

Dieu a daigné se représenter lui-même comme s'il était, au commandement de son peuple, prêt à répandre sur lui les dons de sa miséricorde, quand ils lui seraient demandés avec ferveur. Ainsi, a dit l'Éternel, le Saint d'Israël, qui les a formés, interrogez-moi sur les choses à venir et sur ce qui regarde mes fils, et marquez-moi ce que je dois faire de l'ouvrage de mes mains (Esa.45.11). Cet ouvrage est la restauration de l'Église, non pas seulement la délivrance d'une calamité temporelle, d'une captivité extérieure, comme celle du temps de Cyrus, mais encore une restauration spirituelle, dans laquelle Dieu ordonnera aux cieux d'envoyer la rosée d'en haut, et aux nuées de faire pleuvoir la justice sur la terre qui s'ouvrira et produira la délivrance et la justice qui germeront ensemble.

Dieu se décrit lui-même comme prêt à faire grâce à son Église, à déployer sa puissance pour sa restauration, et comme attendant seulement l'occasion de répandre sa miséricorde, en répondant aux cris de son peuple. (Esaïe.30.18-19) Et cependant l'Éternel attend pour vous faire grâce ; et ainsi il sera exalté, en ayant pitié de vous, car l'Éternel est un Dieu juste. Heureux tous ceux qui s'attendent à lui ! Car le peuple habitera dans Sion et dans Jérusalem ; tu ne pleureras plus : certainement il te fera grâce, sitôt qu'il aura ouï ton cri ; sitôt qu'il t'aura oui, il t'exaucera.

Les exemples du succès des prières, que nous offre l'Écriture, sont extrêmement encourageants. Dans la plupart des passages remarquables où il est fait mention des délivrances et des restaurations de l'Église, ces événements sont amenés par des prières. La délivrance de la captivité d'Égypte a été obtenue par des prières ; ce furent des prières qui arrêtèrent le soleil au-dessus du mont Gébéon, et la lune dans la vallée d'Ascalon, et firent remporter au peuple de Dieu une si grande victoire : par ce miracle, Dieu semblait indiquer dans l'avenir, un événement encore plus glorieux pour l'Église chrétienne, dans les derniers jours : ce même événement que prédit Esaïe.40.20 : Ton soleil ne se couchera plus, ta lune ne disparaîtra plus des cieux.

Ce fut pour exaucer des prières, que Dieu délivra son peuple de la puissante armée des Assyriens. La restauration de l'Église de Dieu après la captivité de Babylone, comme les prophéties et les histoires de la Bible le montrent en cent endroits, fut le résultat de prières extraordinaires. Cette restauration de l'Église judaïque, après la destruction de Babylone, est évidemment le type de la glorieuse restauration de l'Église chrétienne, après la destruction du règne de l'*Antéchrist,* si souvent donné, dans l'Apocalypse, comme l'anti-type de Babylone. Samson recouvre par la prière des forces pour renverser le temple de Dagon. Ainsi le peuple de Dieu verra, dans les derniers jours, sa faiblesse changée en force, et deviendra l'instrument de la destruction du royaume de Satan.

Ce fut en exauçant une prière, que l'esprit de Dieu se répandit sur le Christ lui-même ; Luc.3.21-22. Or, comme tout le peuple se faisait baptiser, Jésus fut aussi baptisé ; et, pendant qu'il priait, le ciel s'ouvrit, et le Saint-Esprit descendit sur lui, sous une forme corporelle, et il vint une voix du ciel, qui dit : *Celui-ci est mon fils bien aimé, en qui j'ai mis toute mon affection.* L'Esprit descend sur l'Église de Dieu, de la même manière qu'il descendit sur son chef. Les plus grandes effusions de l'Esprit saint, qui aient été vues, en y comprenant même celle qui eut lieu dans les premiers temps du christianisme à Jérusalem, le jour de la Pentecôte, furent obtenues par des prières extraordinaires. Quand les disciples se trouvèrent rassemblés autour de leur Seigneur, un peu avant son Ascension, il leur commanda de ne point partir de Jérusalem, mais d'y attendre la promesse du Père, laquelle, vous ayez ouïe de moi : C'est à savoir la promesse du Saint-Esprit. (Actes.1.4) Ce qu'ils avaient à cœur, était la restauration du royaume d'Israël : Seigneur, est-ce dans ce temps que tu voudras restaurer le royaume d'Israël ? (v. 6) Et, suivant le commandement du Christ, ils retournèrent à Jérusalem après son ascension, et continuèrent à faire leurs prières et leurs supplications. Il paraît qu'ils passèrent ainsi le temps, sans cesser de prier, jusqu'à ce que l'Esprit descendit sur eux d'une manière miraculeuse ; alors ils commencèrent une œuvre qui ne devait plus être discontinuée, et les principales nations furent converties au christianisme. De même, la glorieuse délivrance de l'Église chrétienne, sous Constantin-le-Grand, fut la suite des cris qu'elle poussa, pour implorer la divine miséricorde ; c'est ainsi, du moins, que l'Apocalypse nous le représente, au ch. 6, à l'ouverture du premier sceau : l'Église, dans sa souffrance, est dépeinte criant à haute voix : Jusques à quand, Seigneur, qui es saint et véritable, ne jugeras-tu point et ne vengeras-tu point notre sang, de ceux qui habitent la terre ? Et l'ouverture du premier sceau après ceci, paraît amener cette grande révolution du temps de Constantin, comparée aux changements qui arriveront à la fin du monde.

Et de même qu'on trouve tant de raisons dans la parole de Dieu, pour croire que si un esprit de prières ferventes pour la grande effusion de l'esprit de Dieu, prédominait parmi les chrétiens, cette grâce leur serait bientôt accordée ; on peut bien penser encore *que ceux qui pratiqueront ce saint exercice, en ressentiront les premiers bienfaits :* Dieu viendra à ceux qui le cherchent et qui l'attendent ; Esaïe.25.9 ; 26.8 : Quand le Christ se fit chair, il se manifesta d'abord à ceux qui attendaient la consolation d'Israël, et qui espéraient la rédemption de Jérusalem.

Et dans cette grande effusion du Saint-Esprit sur les apôtres, qui produisit de si glorieux effets chez les Juifs et les Gentils, l'Esprit descendit premièrement sur ceux qui priaient en commun. Des grâces particulières sont promises à ceux qui aiment l'Église de Dieu, et prient pour sa prospérité. Priez pour la paix de Jérusalem ! Que ceux qui t'aiment, jouissent de ta prospérité ! (Psa.122.6)

Beauté et utilité de cette union publique dans la prière.

Combien ne serait-il pas admirable et utile que des multitudes de chrétiens, dans les diverses parties du monde, se réunissent d'un commun accord pour prier comme l'Écriture nous l'indique ? L'union est un des traits les plus aimables de la société humaine ; c'est une des choses les plus belles qu'on puisse voir sur la terre, une chose qui peut même rendre la terre semblable au ciel. Dieu a fait d'un même sang toutes les nations qui couvrent le globe, afin de nous enseigner par-là qu'il convient au genre humain d'être uni comme une seule famille, et cela s'accorde parfaitement au caractère et aux besoins que Dieu a donnés aux hommes, par lesquels ils sont appelés à vivre ensemble paisiblement et à se prêter une aide mutuelle. L'union civile parmi les hommes pour leurs intérêts temporels, est heureuse sans doute ; mais combien est plus aimable encore une pieuse union, un accord plein de zèle dans la grande affaire pour laquelle tous les hommes ont été créés, celle de la religion dont l'amour est l'âme et la vie !

De même que la gloire de l'Église de Christ est d'être toujours une, quelle que soit la dispersion de ses membres, de former une société sainte, une ville, une famille, un corps ; de même il est très désirable que cette union puisse se manifester et devenir visible ; il est hautement désirable que les membres les plus éloignés puissent agir comme s'ils ne faisaient qu'un, dans les choses qui intéressent les corps entiers, et dans l'exercice des devoirs qu'ils ont à remplir envers leur commun seigneur et père, tel que celui de le prier pour leur commune prospérité. Une famille a besoin de se réunir dans ses prières pour les choses qui lui sont nécessaires ; une nation doit, à de certaines époques, se rassembler pour prier dans l'intérêt général de tous ceux qui la composent ; de même il est nécessaire que l'Église de Dieu qui est une sainte nation, un peuple particulier, une famille céleste, plus étroitement liée sous plusieurs rapports et par des intérêts communs bien plus essentiels que toutes les autres sociétés, s'unisse visiblement pour offrir des prières à Dieu en faveur de la prospérité générale, surtout de cette prospérité si glorieuse, si grande, que Dieu a solennellement promis d'accomplir dans les derniers jours.

Il convient aux chrétiens, chez lesquels l'égoïsme et la sécheresse de cœur ne peuvent habiter, de prier pour cette bénédiction publique dans laquelle consistent le bien-être et la félicité de l'Église de Dieu, et le plus grand bien que les hommes puissent obtenir. L'union dans la prière convient spécialement quand cet exercice a pour objet ce qui concerne par dessus toutes choses les intérêts du corps entier des chrétiens et de chaque individu en particulier.

Une telle union dans la prière est non seulement belle mais elle est encore d'une utilité manifeste ; elle tend à provoquer et à entretenir des sentiments de charité entre les membres de l'Église de Christ, qui vivent éloignés les uns des autres, à exciter une sorte d'esprit public, d'intérêt fraternel, de zèle pour le bien-être des chrétiens en général. L'union dans les devoirs religieux, spécialement dans celui de la prière pour le bien commun, a plus que toute autre chose le pouvoir d'exciter l'affection mutuelle. Si les ministres et leurs troupeaux s'engageaient par une convention expresse, à demander par la prière, que la piété se ranimât parmi les hommes, cet accord éveillerait naturellement en eux le désir de cette bénédiction ; ils deviendraient plus attentifs, plus empressés dans leurs efforts pour répandre ce bien pour lequel eux et un si grand nombre d'autres personnes offrent tant de prières. Ils seraient plus prompts à se réjouir et à louer Dieu, quand ils verraient cette sainte cause couronnée de quelque succès ; enfin les ministres dont la vie doit être consacrée à rechercher le bien de l'Église de Christ et l'avancement de son règne, seraient disposés par là à mettre encore plus de diligence et d'énergie dans leurs travaux, ce qui tournerait à l'avantage spirituel de chaque individu ; une occupation semblable doit porter à réfléchir plus sérieusement sur soi-même, à sonder en quel état se trouve notre propre cœur à l'égard de la religion, et jusqu'à quel point l'exemple que l'on donne peut contribuer au résultat pour lequel on prie.

De grands encouragements à l'union dans la prière nous sont donnés dans la parole de Dieu. Quand Daniel eut à demander à Dieu une grande faveur, savoir : que le Saint-Esprit lui révélât miraculeusement un secret important qu'aucun des sages de Babylone ne pouvait deviner, il alla trouver Hananias, Misaël et Azarias, ses compagnons, et ils convinrent ensemble d'implorer en commun la grâce de l'Éternel au sujet de ce secret ; leur prière commune fut bientôt exaucée. Esther ayant une demande bien plus importante à faire pour le salut de toute la nation juive, qu'elle voyait sur le penchant de sa ruine, fait dire à tous les Juifs qui habitaient la ville de Suse de prier et de jeûner avec elle et ses suivantes ; leurs prières unies remportèrent la victoire, et eurent le succès le plus surprenant.

Mais, un plus grand encouragement encore est renfermé dans ces paroles de notre divin Sauveur, Math.18.19. Je vous le dis encore, que si deux d'entre vous s'accordent sur la terre pour demander quelque chose, tout ce qu'ils demanderont leur sera accordé par mon père, qui est aux cieux. Le Christ daigne donner cet encouragement à l'union de ses disciples, pour chercher et servir Dieu ; une sainte union de son peuple est délicieuse à ses yeux ; c'est pour ce but même qu'il est venu dans ce monde et qu'il a répandu son sang ; il en a demandé l'accomplissement dans sa dernière prière (Jean ch. 17) ; en un mot, c'est un des grands objets de notre rédemption par le Sauveur, afin que dans les temps de la dispensation de sa grâce, il réunit toutes choses en Christ, tant ce qui est dans les cieux que ce qui est sur la terre (Eph.1.10).

Conclusions.

Maintenant, je désire que tous les bons chrétiens qui auront lu ce discours avec attention, veuillent bien considérer s'il ne leur est pas impossible de se dispenser d'accomplir le devoir qui leur y est recommandé ? Dieu a excité une partie de son Église, dispersée en divers lieux du monde, à rechercher sa grâce, à le supplier par des cris de détresse de se montrer en faveur de Sion, suivant ses promesses. Ces fidèles s'adressent à nous tous, et nous font la même proposition qui est exprimée dans le texte saint. Les membres de l'Église d'un pays vont à d'autres qui habitent des contrées éloignées, et leur disent : Hâtons-nous d'aller prier constamment et ardemment le Seigneur ; hâtons-nous d'aller chercher le Dieu des armées. Ne convient-il pas que nous nous empressions de répondre : Je veux y aller aussi.

Il semble que chacun de ceux qui désirent relever Sion de la poussière, devrait se réjouir en voyant que Dieu a suscité un grand nombre de ministres et des multitudes de peuples à s'unir dans des prières extraordinaires pour ranimer la religion, et avancer le règne de Christ.

Certes, si nous avons empreintes dans notre cœur les calamités présentes de l'Église et du monde, si nous soupirons après ce changement salutaire que Dieu a promis, nous devons nous réjouir à la moindre apparence d'un signe aussi encourageant pour nous. Si nous sommes en effet appelés de Dieu pour accomplir ce qui nous a été proposé par sa parole, qu'il me soit permis de supplier tous ceux qui prennent un intérêt sincère et profond au vrai christianisme, de mettre de côté toute vaine dispute, toute diversité d'opinion, pour se réunir et se hâter d'aller prier devant le Seigneur, en ne formant qu'un cœur et qu'une voix. Il n'est pas nécessaire que l'un attende l'autre. Si nous pouvons rassembler nos voisins, et les engager à se joindre à nous pour employer le temps désigné en prières communes, nous aurons obtenu une chose très désirable ; mais si nous ne pouvons le faire, ce n'est pas une raison pour négliger entièrement ce devoir nous-mêmes : nous devons le remplir en nous unissant de cœur avec ceux qui le pratiquent dans le même moment en des lieux éloignés.

S'il est conforme à l'esprit et à la volonté de Dieu que nous remplissions ce devoir (imposé par lui-même) de prier pour l'avènement du règne de Christ ; nous sommes très certainement tous obligés, pour entrer dans ses vues à cet égard, de tâcher, autant qu'il est en nous, de porter nos frères à se joindre à nos prières. Les chrétiens de condition privée peuvent avoir beaucoup d'occasions favorables pour cela ; mais ce sont principalement les ministres qui, comme guides et surveillants naturels en matière de religion, ont généralement le plus d'influence.

J'espère donc que ceux qui seront convaincus que leur devoir est d'encourager ce *dessein,* se rappelleront que nous devons non seulement aller *promptement* prier devant le Seigneur, mais encore y aller *constamment.* Nous devons unir dans notre pratique ces deux choses que notre Seigneur unit dans son précepte, *prier* et ne *point se décourager.* Mais, quand même nous continuerions pendant quelques années, et que rien de remarquable dans les dispensations de la providence n'annoncerait que Dieu a entendu nos prières et y répond, ce serait agir en gens de bien peu de foi, que de perdre courage et de nous ralentir dans la recherche d'un si grand bien. Il est évident, d'après les paroles de Dieu, qu'il éprouve souvent la foi et la patience de son peuple, en retenant pour un temps les grâces qui lui sont demandées, et souvent même en lui donnant des marques de colère. Toutefois, il ne manque jamais d'exaucer celui qui persévère dans la prière ; il ne le laisse point aller sans le bénir. J'espère que le peuple de Dieu verra bientôt quelques gages de sa bonté, qu'il s'apercevra que le Seigneur n'a pas dit à la race de Jacob, vous me chercherez en vain, et que les fidèles seront ainsi encouragés à continuer leurs prières pour l'avancement du règne de Christ, avec une ferveur toujours croissante. Mais, quelles que soient nos espérances à cet égard, nous devons nous résoudre à rester dans l'ignorance *des temps* où le père a mis ces choses au pouvoir de Christ : nous devons nous contenter de savoir que Dieu accomplira ses promesses dans leur temps, et pour rappeler sans cesse les instructions, les prophéties renfermées dans les saintes Écritures, telles que celles-ci :

Psaume.27.16 : Attends-toi à l'Éternel et demeure ferme, et il fortifiera ton cœur ; attends-toi, dis-je, à l'Éternel.

Habacuc.2.3 : Car la vision est encore différée jusqu'à un temps déterminé ; elle se manifestera à la fin et elle ne trompera point. S'il diffère, attends-le ; car il viendra assurément et il ne tardera point.

Michée.7.7 : Mais moi je regarderai vers l'Éternel ; j'attendrai le Dieu de ma délivrance ; mon Dieu m'exaucera.

Esaïe.25.9 : En ce jour-là on dira : Voici notre Dieu nous l'avons attendu et il nous sauvera ; c'est ici l'Éternel, nous l'avons attendu, nous nous égaierons, et nous nous réjouirons de son salut.

AMEN !

3. Traduction de la troisième partie : Réponses aux objections.

J'en viens maintenant, en troisième lieu, à mes réponses aux objections que certains pourraient élever contre ce qui a été dit précédemment.

3.1 Qu'il y a de la superstition dans cet accord sur la prière.

D'aucuns seront prêts à dire que si les Chrétiens se mettent à fixer des jours périodiques de prière, chaque semaine, chaque trimestre, année après année, dans le but que nous nous proposons, il en résultera une institution de saisons spéciales, d'origine humaine, et devant être observées religieusement devant le Dieu saint ; or ce serait justement faire là ce contre quoi d'éminents protestants se sont insurgés : ajouter au culte voulu par Dieu des inventions d'hommes, lier les consciences par des règles injustifiables, et finalement promouvoir la superstition.

Je qualifierais cette objection contre le *Mémoire d'Union dans la prière* qui nous a été soumis, de totalement injuste. Car en vérité, il n'y a dans la manière dont ce projet est rédigé aucune ombre d'incitation à la dérive superstitieuse ; en le lisant bien, le plus faible des chrétiens n'y trouvera rien des pratiques dénoncées par les grands théologiens protestants, comme chargeant les consciences et ajoutant aux commandements divins. — Les auteurs du Mémoire ne prétendent pas d'ailleurs exercer une quelconque autorité, ils n'imposent rien de leur propre chef, mais ils préfèrent au contraire transmettre les directions et les améliorations suggérées par d'autres.

Aucun des jours de prière, que Dieu lui-même n'a pas sanctifié, n'est indiqué comme devant être plus saint, plus honorable, plus digne de respect que les ordinaires ; ces temps sont choisis sans relation avec des personnes ou avec des choses saintes, ou avec de grands évènements providentiels, mais uniquement en fonction des circonstances, de la disponibilité par rapport aux affaires du monde, de la facilité à mémoriser la date etc. Personne n'essaie de placer des obligations morales sur les autres, ou de les inciter, en usant d'autorité ou de promesses, à se considérer eux-mêmes comme liés ; ni même de les pousser à mettre des jours à part de leur travail, qu'ils ne pourraient ensuite changer selon les circonstances. Il n'est demandé à chacun que d'agir selon son propre jugement et inclination, et que d'encourager les frères qui partagent le même sentiment de se joindre à eux dans cette union. Est-ce là édicter des règles de conscience ou de religion, ou rajouter des institutions humaines à celles de Dieu ? Y-a-t-il là une quelconque imposition d'autorité, ou de respect superstitieux de dates, ou d'occasion d'asservir la conscience d'autrui ?

Certes il peut être dangereux pour les hommes d'établir des lois relatives au culte, précisant les lieux, les temps, et l'ordre, tandis qu'aucune loi divine ne les indique. Mais à coup sûr, il n'est pas interdit ou inapproprié aux Chrétiens de s'entendre sur ces modalités, puisqu'aucun culte public ne serait possible autrement. Rien dans les Écritures n'ordonne de se réunir pour adorer Dieu en tel lieu, à tel jour, à telle heure. Nous ne sommes donc pas tenus par un règlement biblique d'organiser le culte selon un ordre précis, de chanter, de prier, de conclure suivant un séquence immuable. Et quand les Chrétiens d'une assemblée particulière s'entendent là-dessus, nul ne songe à les accuser de superstition. Pareillement si un grand nombre de congrégations, à travers tout le pays, s'accordent sur une même méthode du culte, personne n'y trouve à redire. Par contre, vouloir lier tout le monde sous une unique façon de faire serait une usurpation d'autorité, et si de plus cette organisation particulière était considérée comme sacrée, et seule acceptable par Dieu, ce serait alors de la superstition. Que des Chrétiens s'accordent pour se retrouver et s'édifier ensemble le dimanche soir, que d'autres, une fois par mois, aillent assister à une conférence publique à l'église, ce n'est pas de la superstition, bien qu'il n'y existe aucune institution pour cela. Que certains Chrétiens décident de jeûner tous ensemble le même jour, tandis que d'autres préfèrent jeûner chacun à leur tour, en quoi cela relèverait-il de la superstition ?

3.2 Qu'un tel accord est fantaisiste, ou bien pharisaïque.

Certains diront que l'insistance pour que les Chrétiens de divers lieux fassent monter leur prières au même moment précis, porte un caractère irrationnel, fantaisiste, comme si Dieu pouvait être moins touché par les prières d'un grand nombre de gens qui ne prient pas au même moment, que si les mêmes prient à la même heure.

A cette objection je réponds qu'il y a malentendu : nulle part dans le projet, ou dans les arguments à son appui, il n'est dit qu'on ait observé que les prières étaient plus efficaces à cette condition de simultanéité. Il est simplement supposé qu'il sera plus commode de s'entendre sur une date pour prier ensemble ; ce qui peut se faire sans impliquer ce que nous reproche l'objection.

1°) Le fait de s'accorder sur une date commune va encourager puissamment les Chrétiens à respecter leur engagement dans la prière, tandis que laissés sans indication définie ils seraient enclins à le négliger. Si, par exemple, les pasteurs d'Écosse, au lieu de la proposition qu'ils nous ont faite, avait envoyé une demande générale de prier beaucoup pour l'avancement du règne de Dieu, encore que tous les chrétiens auraient trouvé bon leur projet, comment auraient-ils eu l'assurance qu'elle ait été mise en pratique, et surtout auraient-ils pu croire à la persévérance des prières, année après année ? Combien plus un accord sur des temps communs d'union dans la prière promet-il de réalité et d'efficacité !

2°) Un autre avantage que le peuple de Dieu dispersé en divers endroits éloignés retirera en s'accordant pour prier au même moment sera de rendre visible leur union. Cette unité dans la prière est véritablement belle aux yeux de Christ, belle et agréable aux yeux des Chrétiens eux-mêmes. Ceci apparaît particulièrement évident lors des jeûnes publics et des fêtes d'actions de grâce ; d'ailleurs le fait que Dieu est institué le culte hebdomadaire local, où les Chrétiens doivent se réunir et communier ensemble, corrobore cet aspect important de la visibilité de leur union.

A ceux qui désapprouvent la proposition du *Mémoire* de déterminer certains jours où tous les Chrétiens dans le monde prieront au même moment, je demanderai s'ils ont quelque chose à objecter contre un accord visible du peuple dans la prière pour la venue du règne de Christ ? Une telle manifestation n'honorerait-elle pas grandement le nom du Seigneur ? et n'encouragerait-elle pas aussi énormément l'union des Chrétiens nominaux ? Or nous croyons, d'après la Parole de Dieu, que le grand Réveil religieux final qu'elle prophétise, sera précédé d'une union visible de son peuple dans des prières extraordinaires pour que soit répandue cette grâce. Mais comment cela sera-t-il possible sans une entente générale des chrétiens pour prier ensemble à des temps définis, et sans un appel en conséquence ? Aussi je pense que chaque assemblée devrait considérer que celui qui s'oppose à la proposition du *Mémoire*, s'oppose en réalité à la possibilité de ce que l'Écriture prévoit, à savoir une union visible dans la prière extraordinaire, et l'effusion générale de l'Esprit.

3°) Quoiqu'il ne soit pas raisonnable de penser que parce que beaucoup de gens prient en même temps ils prévaudront de ce fait davantage auprès de Dieu, néanmoins on peut vraisemblablement supposer qu'un tel mouvement exercera un impact sur l'esprit des hommes. Personne ne niera que lorsqu'un Chrétien se joint à une congrégation de frères qui prient et louent le Seigneur, il en est revigoré et encouragé. Quand bien même il serait aveugle, mais qu'il se sache au milieu d'une multitude de chrétiens unis dans l'adoration, son esprit jouirait encore d'une influence bénéfique. Car ce n'est pas seulement par les sens corporels que la prière collective nous encourage, mais par la connaissance que notre esprit a de cette union. Ainsi, un membre qui ne peut se joindre physiquement à la réunion, mais qui sait qu'en ce moment précis ses frères sont engagés dans l'adoration et la prière, sera lui-même vivifié et poussé à prier.

Il n'y a aucune sagesse à vouloir trouver des défauts à la nature humaine, telle que Dieu l'a voulue et créée. Notamment le fait que nous sommes plus affectés par les choses présentes que par celles qui sont éloignées dans le passé ou dans le futur. Par exemple, un père qui apprend qu'en cet instant précis, son cher enfant est en train de commettre une action honteuse, ou au contraire vertueuse, en sera bien plus profondément touché, que s'il considère l'épisode comme passé ou à venir. Cette particularité de l'esprit humain semble être commune à tous les êtres créés : les anges dans le ciel se réjouissent plus d'un pécheur qui se convertit maintenant que de ceux dont la conversion est ancienne. Si donc on traite de fantaisie le besoin de nous unir ensemble dans le moment présent, autant dire que les multitudes angéliques célestes partagent cette capricieuse folie.

D'autres jugeront que l'engagement religieux hors du commun, ici proposé, ressemble trop à du pharisaïsme. Mais tout exercice religieux spécial pris par une Église, comme un jour de jeûne ou de prière, n'est pourtant pas considéré comme une manifestation pharisaïque ! Et quand il s'agit d'un jour d'action de grâce publiquement décrété par un magistrat, pour tout une province, ou tout un État, les Chrétiens s'y joignent sans qu'il n'y ait là rien qui tienne du pharisaïsme.

Le *Mémoire* ne cherche pas à créer une caste singulière de Chrétiens adonnés à des exercices religieux extraordinaires, comme les pharisiens d'autrefois, mais au contraire à gagner le plus de Chrétiens possible à l'union dans la prière. Les personnes qui l'ont composé, ont mis en pratique depuis deux ans déjà ce qu'ils proposent ; ils se sont fait remarquer plus qu'ils ne le souhaitaient, c'est pourquoi ils ont envoyé le *Mémoire* à d'autres pays, dans le but évident de parvenir à un agrément général parmi tous les Chrétiens, indépendamment de toute dénomination.

[La plaidoirie de Jonathan Edwards en faveur de l'effet psychologique positif engendré par la connaissance qu'une multitude de personnes prient au même moment pour la même requête ne manque pas de pertinence, et devient particulièrement parlante pour nous, qui au siècle d'internet jouissons d'une communication mondiale quasi instantanée. Quelle forme aurait prise cet appel d'union à la prière si les puritains du XVIIIe siècle avait eu à leur disposition un outil comme *zoom*?! Et, chose remarquable, les chrétiens des réseaux sociaux prêts à liker automatiquement le portrait de Jonathan Edwards et le titre de son *humble essai*, n'en prieront pas davantage ensemble à la même heure selon la demande qu'il contient.]

3.3 Qu'un tel accord est prématuré.

Une autre objection, qui viendra à la pensée de beaucoup, contre cette campagne de prière spéciale pour l'établissement imminent du royaume de Christ, c'est que nous n'avons nul sujet de l'attendre avant que ne s'accomplissent certains évènements prévus dans l'Écriture, à savoir un temps de grande calamité pour l'Église, écrasée par ses ennemis antichristiques ; ce qui entre autres est signifié dans le chapitre onze de l'Apocalypse, où les deux témoins sont mis à mort.

Et en vérité l'idée qu'une terrible période de persécution l'Église doive précéder son jour de gloire, lorsque Satan et l'Antéchrist triompheront d'elle, semble être devenue bien ancrée dans les esprits. C'est principalement à l'interprétation du passage concernant les deux témoins qu'elle doit son succès. Il faut admettre que si elle est vraie, elle n'encourage guère à prier pour la venue rapide du royaume de Dieu, puisque plus les chrétiens prieraient avec ferveur, plus ils s'approcheraient d'un sort terrible, tout sujet de joie leur serait ôté. Mais je ne crois pas que cette interprétation soit juste :

1°) Le temps où les deux témoins gisent morts dans les rues de la grande cité, est indubitablement celui où l'Église est à son point le plus bas, lorsque son témoignage a presque entièrement disparu du monde. Car avant leur mort les deux témoins prophétisent, revêtus de sacs; et après leur mort le monde se réjouit d'avoir triomphé d'eux; la lumière de la vérité s'éteint, c'est un temps de la plus grossière ignorance en matière de religion. Or à cet égard, est-il croyable que l'humanité puisse se retrouver bientôt dans une pire situation que celle d'avant la Réforme ? que les papistes reprenant leur ancien pouvoir parviennent à extirper le protestantisme de la surface du globe ? Un tel changement au sein des nations, non seulement protestantes mais catholiques, semble quasiment impossible.

2°) Au temps de Luther, de Calvin et de leurs contemporains, la destruction de l'Antéchrist, ce terrible ennemi qui avait si longtemps oppressé et persécuté les saints, avait débuté. Ce ne fut pas un petit évènement, l'Antéchrist en fut déchu de la moitié de sa hauteur. Puis les fioles[a] de la colère de Dieu (dont il est question dans l'Apocalypse) commencèrent à se déverser sur le trône de la bête : le pape perdit la moitié de ses possessions et une bonne partie de son autorité et de son influence

---

a. *Fiole* est en effet le mot français le plus proche du grec φιάλη dans l'original, plutôt que *coupe*, par lequel on le traduit généralement; dans l'anglais d'Edwards il y a *vial*.

sur les royaumes. Dieu, en réponse aux longues et continuelles supplications de son Église, semblait comme un héros se réveillant enfin d'un long sommeil, pour la délivrer et la restaurer. Il ne serait pas conforme à l'analogie de la foi, telle que nous la comprenons d'après les Écritures, qu'après avoir délivré son peuple de Babylone ou de l'Egypte, Dieu le replace sous un pire esclavage ; autrement dit, après avoir donné à son Église une aussi grande victoire sur l'Antéchrist (à l'époque de la Réforme), Il ne va pas se cacher d'elle et permettre qu'elle subisse à nouveau l'oppression de l'ennemi. Dieu finit toujours ce qu'il commence, mais souvent de manière graduelle et progressive, comme on le voit par exemple avec Darius achevant le jugement sur Babylone que Cyrus avait initié, avec Antiochus Epiphane (autre type de l'Antéchrist) défait par les Maccabées, avec le persécuteur Haman, des Juifs, à qui sa femme dit : *Si Mardochée, devant lequel tu as commencé de tomber, est de la race des Juifs, tu ne pourras rien contre lui, mais tu tomberas certainement devant lui.* (Esther.6.13)

3°) Si la tyrannie de l'Antéchrist parvenait à anéantir l'Église protestante, cela ne pourrait pourtant pas correspondre à la prophétie d'une mise à mort des deux témoins, puisque ce nombre *deux* (quoique suffisant vis-à-vis de la loi) indique sans aucun doute que les témoins seront, à leur époque, peu nombreux. Tandis que le nombre des protestants aujourd'hui s'est grandement multiplié, et rivalise avec celui des papistes.

4°) Il semble, d'après l'Apocalypse, qu'après la Réforme, l'Antéchrist ne pourra plus jamais dominer sur l'Église. En particulier quiconque lit l'exposition du chapitre 16 par l'érudit M. LOWMAN sera certainement convaincu que la cinquième fiole de la colère de Dieu versée sur le trône de la bête est une prophétie de la Réforme. Or, verset 10, il est ajouté immédiatement : et son royaume fut plongé dans les ténèbres, et les hommes se mordaient la langue de douleur ; ce qui doit signifier que l'Antéchrist et ses acolytes perdront le pouvoir qu'ils avaient jusque là sur le reste du monde, et qu'ils ne pourront plus continuer à tenir assujettie sur l'Église de Dieu. En d'autres passages l'Écriture souligne l'organisation et la malignité des puissances qui soutiennent des antéchrists : et voici, il y avait à cette corne des yeux comme des yeux d'homme, et une bouche qui se vantait de grandes choses. (Dan.7.8) quand le nombre des infidèles sera complet, s'élèvera un roi ferme de visage et sachant pénétrer les secrets... Et à cause de son habileté, la ruse lui réussira. (Dan.8.23-25) Mais lorsque Dieu les frappe d'aveuglement, comme dans le cas des habitants de Sodome, ou des Syriens qui encerclaient Elisée, tous leurs moyens s'évanouissent et ils ne peuvent rien contre les justes. De la même manière, l'Église de Rome tente en vain depuis deux siècles d'anéantir l'Église protestante, mais Dieu a déjoué tous ses efforts, et nous avons une grande confiance qu'il la défendra jusqu'à la fin.

5°) L'hypothèse que le martyre des deux témoins reste à venir rendrait incohérentes les autres prophéties de l'Apocalypse. D'après ceux qui suivent cette interprétation, la bataille Apo.11.7 au cours de laquelle la bête triomphe des témoins et les tue, est la dernière, et la plus grande entre l'Antéchrist et l'Église de Christ ; et en effet dans leur logique juste après, l'Église, typifiée par les deux témoins, se relève et monte au ciel. Ce grand conflit doit donc être le même que celui décrit en Apo.16.13 et plus largement dans Apo.19.11. Or cela est impossible, la bataille du chapitre 11 ne peut pas être la même que celle du chapitre 19. Dans la première, l'Église de Christ est revêtue de sacs, dans la seconde, de vêtements blancs ; ch. 11 l'Église est mise à mort par ses ennemis, ch. 19 elle triomphe d'eux et les tue. Aussi conclurai-je que la prophétie de la mise à mort des deux témoins n'est pas à venir, et qu'en aucune manière elle ne représente une objection contre le projet de prière que nous soumet le *Mémoire*, ou qu'elle doive engendrer un motif de découragement.

3.4 Que la chute de l'Antéchrist est encore bien loin.

D'après le très ingénieux et très érudit commentaire sur l'Apocalypse de M. Lowman [a], le règne de l'Antéchrist a commencé en 756 [b], et comme il doit durer 1260 ans il s'achèvera vers 2010. Or si cette objection était légitime, nous devrions comprendre que nos prières spéciales pour

---

a. Moses LOWMAN (1680-1752) était un pasteur anglais non conformiste dont les commentaires sur les prophéties bibliques, et notamment les *Paraphrases and Notes on the Revelation* (1737), ont beaucoup influencé Jonathan Edwards.

b. Cette date correspond à la délivrance par Pépin le bref de Rome, qui était alors sous domination byzantine, et par son don au pape Etienne II d'un territoire qui sera connu ensuite sous l'appellation d'États pontificaux. Evènement important sans doute, mais sans commune mesure avec les bouleversements que laissent attendre les prophéties apocalyptiques. (ThéoTeX) la venue imminente du royaume de Dieu ne devraient commencer qu'un peu de temps avant cette date. Est-ce vraiment là la manière usuelle d'agir de Dieu envers son Église ? Comment, si elle devait savoir la date de la venue du Seigneur, pourrait-elle s'écrier : Jusqu'à quand Seigneur ! Comment le prophète Esaïe pourrait-il l'exhorter à dire : O vous qui faites souvenir l'Éternel, ne vous donnez point de repos, et ne lui laissez point de repos, jusqu'à ce qu'il rétablisse Jérusalem et qu'il fasse d'elle la louange de toute la terre ! Avant son départ, le Seigneur n'a-t-il pas dit aux disciples : Ce n'est pas à vous de connaître les temps ou les moments que le Père a fixés de sa propre autorité ? Il a laissé un devoir à l'Église de prier en tout temps, pour sa venue ; il a recommandé de l'attendre comme des serviteurs attendent le retour de leur maître, ou comme des vierges la venue de l'époux.

Je reconnais que l'ouvrage de M. Lowman, l'*Exposition sur l'Apocalypse*, est excellemment écrit et qu'il apporte une grande lumière, en particulier son interprétation des cinq premières fioles. Toutefois au sujet de la durée du règne de l'Antéchrist, un temps, des temps et la moitié d'un temps, je ne pense pas qu'on puisse la connaître avant d'arriver à la fin. On lit dans Daniel, dans le dernier chapitre de sa prophétie, verset 4 : Et toi, Daniel, serre les paroles et scelle le livre jusqu'au temps de la fin. Puis le prophète rapporte une vision au cours de laquelle un homme demande à un autre : Pour quand le terme de ces choses merveilleuses ? ... pour un temps, des temps et une moitié de temps. Mais Daniel ne comprend pas cette parole, et il s'enquiert auprès de l'ange, v. 8 : Mon Seigneur, quelle sera la fin de ces choses ? qui lui répond : Va, Daniel, car ces paroles sont serrées et scellées jusqu'au temps final. Or il n'y a aucun doute que cette vision se rapporte à la même situation dont parle Apo.12.14, lorsque l'Église doit fuir dans le désert pour échapper au dragon. Par conséquent, puisque l'explication de l'énigme doit rester scellée jusqu'à la fin, lorsqu'un théologien prétend avoir trouvé la solution, nous avons bien le droit de penser qu'il s'est trompé.

Quoique je ne me considère nullement comme un spécialiste de l'interprétation des prophéties, j'indiquerai néanmoins ce qui me paraît faux dans la lecture que fait M. Lowman du chapitre 17 de l'Apocalypse (pour autant l'idée de l'éloignement de la chute de l'Antéchrist est préjudiciable à notre projet d'union dans la prière). Contrairement aux autres exégètes, M. Lowman pense que la septième tête de la bête (celle qui doit rester peu de temps) n'est pas l'empereur Constantin mais le gouvernement de Rome sous les princes gothiques. Il place Constantin dans la sixième tête, ainsi que tous les empereurs chrétiens qui l'ont suivi. Mais ceci est impossible ! Constantin a été un grand prince chrétien, qui a mis fin à l'idolâtrie païenne, c'est lui qui a blessé à mort la bête, et Dieu ne peut confondre un membre de son peuple avec ses ennemis. La septième tête ne fait donc pas réellement partie de la bête, ce qui est signifié par la remarque qui la distingue des autres têtes : *elle doit rester peu de temps* (quant à eux, les princes gothiques ont régné 300 ans) ; la véritable septième tête est en réalité la huitième, l'Antéchrist, qui apparaît bientôt après la mort de Constantin, à savoir le système papal.

[Edwards se trompe évidemment ici, tout autant que Lowman : Apo.17.10 : Ce sont aussi sept rois, les cinq premiers sont tombés, l'un est, l'autre n'est point encore venu ; et quand il sera venu, il ne doit rester que peu de temps. Le roi qui *est* (la sixième tête) existe au temps où l'apôtre Jean reçoit la vision, il ne peut donc s'agir que du pouvoir de Rome, qui existera encore avec Constantin ; la septième tête, qui *n'est point encore venue*, est annoncée comme appartenant intégralement à la bête, elle n'a donc pas le sens positif que lui donne Edwards en l'assimilant à Constantin et les empereurs chrétiens subséquents. Puis il oublie la déclaration du verset 8 : La bête que tu as vue a été et n'est plus ; et elle doit monter de l'abîme... ils s'étonneront en voyant la bête, parce qu'elle était, et qu'elle n'est plus, et qu'elle reparaîtra. La huitième tête, celle qui résume la bête, l'Antéchrist final, celle qui doit reparaître, se trouve donc parmi les cinq têtes qui sont déjà tombées, puisqu'elle n'existait plus quand l'ange parle à Jean. Il ne peut donc s'agir du système papal.]

L'Antéchrist n'étant donc pas apparu en 756, comme le croit M. Lowman, mais beaucoup plus tôt, il n'y a plus de base pour affirmer que sa chute finale soit si éloignée. Quoiqu'il en soit, même si Dieu ne nous accordait pas de sitôt cette grande effusion de l'Esprit pour laquelle nous voulons prier, même si la chute de la Babylone mystique ne devait s'achever que dans plusieurs siècles, il ne s'en suit pas que nous n'aurions pas auparavant de merveilleux réveils, bien dignes de motiver nos prières sérieuses, ferventes et constantes.

3.5 L'accusation de nouveauté.

Je terminerai en répondant à l'objection que cet appel à l'union dans la prière constituerait une nouveauté, parce que l'on en a jamais agi ainsi précédemment dans l'Église.

Qu'une chose soit nouvelle en raison des circonstances ne peut pas être en soi un argument recevable contre elle. Mais le devoir de prier n'est pas un devoir nouveau dans le principe ! Et que le peuple de Dieu, suivant les circonstances du temps, s'accordent pour jeûner et implorer une grâce spéciale de Dieu, n'est pas nouveau non plus. Qu'un tel mouvement d'union se déroule à l'échelle d'une nation est déjà arrivé par le passé, par exemple en 1712 en Grande Bretagne et en Irlande, à l'époque de la fin du règne de la reine Anne ; un document diffusé dans tout le royaume appelait les chrétiens à prier sérieusement tous les mardis matins de 7 à 8 heures. Dieu répondit promptement, et de manière merveilleuse, par l'accession de Georges Ier au trône en 1714, alors que les ennemis de la religion protestante avait pourtant tout planifié pour s'emparer du pouvoir. En Ecosse, en 1732 et en 1735, des propositions semblables d'un temps de prière commun virent le jour. On voit donc que l'objection tirée de la nouveauté ne repose sur aucun fondement.

4. La place de l'Amérique dans la fin des temps.

Que Jonathan Edwards puisse avoir cru et écrit qu'il est question de l'Amérique dans la prophétie d'Esaïe.60.9 sur les îles qui s'attendent au Seigneur, paraîtra peut-être assez farfelu et partial à nos mentalités modernes (c'est sans doute une raison pour laquelle les experts *facebook* du *génial* théologien *trop cool* ne mentionnent pas ce détail). Cependant, un siècle plus tard, d'autres penseurs américains renommés n'hésitaient pas à lui donner raison. C'est ainsi que Lyman BEECHER[a], écrit ceci dans *A plea for the West* (1835) :

> « C'était l'opinion d'Edwards que le Millénium commencerait en Amérique. La première fois que j'ai entendu cette idée, j'ai pensé qu'elle était chimérique. Cependant, tous les développements providentiels subséquents, toutes les manifestations des signes des temps conduisent à la confirmation de cette idée. »

Bien qu'elle soit géographiquement un continent, géopolitiquement, il n'est pas inexact de comparer l'Amérique à une île. Cet isolement du reste du monde, cet auto-suffisance, qui avait frappé Edwards, est d'ailleurs ce qui lui assure aujourd'hui une relative invulnérabilité militaire et sa domination économique. D'autre part,

---

[a]. Le père d'Hariett Beecher Stowe.

pourquoi serait-il si loufoque d'imaginer que l'Amérique a une place dans la Bible ?

On se rappelle la vision du roi Nébucadnestar, interprétée par le prophète Daniel, cette colossale statue composée de quatre métaux différents qui symbolise la succession des empires mondiaux. Daniel ne nomme pas explicitement celui représenté par les jambes de fer, mais tous les exégètes évangéliques s'accordent à y voir l'empire romain. Suivent les pieds et leurs dix doigts, composés d'un alliage incongru de fer et d'argile. Jusque vers la fin du vingtième siècle, les dispensationalistes préconisaient une *résurrection* de l'empire romain sous la forme d'une alliance de dix nations européennes, avec à sa tête l'Antéchrist. De l'Amérique il n'était pas question : de par son éloignement on ne savait guère où la mettre dans le récit biblique qui semble ne s'intéresser aux régions de la terre que dans la mesure de leur relation avec Israël, il était plus sage de dire que la Bible n'en parle pas.

A compter de la fin de la seconde guerre mondiale, la décadence des mœurs américaines, les menées criminelles du complexe militaro-industriel pour fomenter des guerres à travers la planète, les associations obscures et semi-occultes de grands financiers, finirent par créer dans le monde évangélique une vision négative de la destinée eschatologique de l'Amérique. Au lieu d'un berceau futur du Millénium, certains n'hésitaient plus à y reconnaître la grande Babylone commerciale, la grande ville assise sur les eaux, dont le chapitre 18 de l'Apocalypse annonce la destruction, et le choc émotif déclenché par les attentats du 9/11 au début du XXI siècle sembla confirmer fortement cette vision pessimiste.

Cependant les optimistes n'étaient pas morts. L'Amérique d'Edwards, l'Amérique de Finney, l'Amérique de Moody, n'avait-elle pas connu par le passé d'extraordinaires réveils religieux ; ne devrions nous pas prier pour en réclamer un dernier, avant le retour de Christ ?

Deux siècles et demi après la mort de Jonathan Edwards l'Amérique religieuse se retrouve donc divisée entre deux visions opposées de son futur. D'un côté, celle qui croit à la possibilité d'une repentance, d'un grand réveil, d'une instauration nationale du règne de Dieu, celle d'Edwards lui-même ; vision de gloire, qui paradoxalement se retrouve aujourd'hui plutôt dans les milieux charismatiques. De l'autre côté, vision de malheur, qui s'attend à la réjection totale des États-Unis de la faveur divine, suivie par leur anéantissement économique, voire nucléaire.

La Bible contient-elle des indices qui peuvent nous aider à départager ces deux directions ? Probablement non, il semble que Dieu n'a pas voulu nous dévoiler à l'avance le chemin par lequel chaque nation particulière allait passer pour arriver au point final, qui lui, reste parfaitement connu : Car la terre sera remplie de la connaissance de la gloire de l'Éternel, comme le fond de la mer par les eaux qui le couvrent. (Habacuc.2.14)

Cependant, s'il n'est plus permis à l'Amérique de trouver dans les *navires de Tarsis* des photographies de sa propre aventure, comme le faisait Edwards en son siècle, elle peut toujours puiser dans les Écritures des principes intangibles, qui l'encourageront et la guideront. L'étude de la statue décrite par Daniel, par exemple, ne nous donnera pas le nom des dix nations qui la terminent (qui peut-être ne sont pas dix numériquement, mais une multiplicité non définie), mais elle nous apprendra que Dieu ne se désintéresse pas de l'histoire économique ou militaire du monde ; il sait au contraire évaluer exactement la nature et les actes de chaque nation, et il les jugera selon sa justice.

Quant à l'Amérique en particulier, dont l'histoire a depuis toujours évoqué certaines analogies avec l'ancien Israël, elle possède dans l'Apocalypse une mine de sérieuses réflexions sur le rôle qu'elle pourrait être amenée à jouer à la fin des temps, en fonction sa conduite. Son nom n'y est pas écrit, certes, mais celui d'Israël s'y lit en lettres de feu.

La tendance récente néo-réformée n'aime pas qu'on lui rappelle que bien avant 1948 plusieurs commentateurs évangéliques éminents avaient affirmé que l'étude des prophéties de l'Ancien et du Nouveau Testament les conduisaient à croire en une restauration nationale d'Israël qui se produirait avant la parousie de Jésus-Christ. Le fait leur a donné raison. De même qu'en science la valeur d'une théorie se mesure aux phénomènes qu'elle a prédit, une lecture théologique de la Bible qui n'annonce rien de précis, qui lit les prophètes et l'Apocalypse comme des visions se rapportant exclusivement au passé, qui reste statique par peur de commettre des erreurs, un tel système se condamne lui-même à l'obsolescence. Nos prétéristes[a] font penser à des gens à qui on expliquerait pourquoi une horloge arrêtée marque l'heure exacte deux fois par jour, et qui enthousiasmés d'avoir enfin compris, courent en acheter douze, pour placer leurs aiguilles sur douze chiffres différents, et avoir ainsi en tout le temps la bonne heure. C'est ainsi qu'il lisent chaque chapitre de l'Apocalypse, comme une horloge arrêtée ; l'intelligence ne leur est point nécessaire pour calculer le nombre de la bête : ils savent déjà que c'est celui de Néron.

Corruptio optimi pessima : la corruption du meilleur devient le pire. C'est à l'aide de cette maxime latine que, presqu'un siècle avant la création de l'État d'Israël, l'exégète Frédéric GODET voulait illustrer le rôle tant négatif que positif qu'allait jouer, selon lui, l'Israël de la fin des temps dans le drame apocalyptique. Négatif d'abord, puisqu'il serait lui-même la huitième tête, un royaume de Salomon ressuscité, conduit par un faux messie ; positif ensuite, après l'épuisement de tous les fléaux prédits, par sa conversion nationale à Jésus-Christ et son engagement missionnaire durant le Millénium.

D'aucune autre nation que les États-Unis d'Amérique on ne saurait dire avec autant de pertinence que pour Israël : *la corruption du meilleur devient le pire*. Fondée sur des valeurs bibliques, sur l'amour de la liberté, sur l'esprit d'entreprise, l'Amérique a fait rêver le monde, elle l'a inondé de ses merveilles technologiques, de ses

---

a. On appelle ainsi ceux qui croient que la majorité des prophéties bibliques, et en particulier celles de l'Apocalypse se sont toutes déjà accomplies.

productions holywoodiennes, et ne l'oublions pas, de ses missionnaires et de ses livres chrétiens. En parallèle, l'Amérique court à présent le danger d'être haïe de tous, à cause des crimes de ses élites, à cause de la corruption de ses gouvernements. Chacun sent à l'heure actuelle qu'elle a atteint un point de bifurcation irréversible : soit elle bascule vers le pire, jusqu'au retour de Christ, soit elle revient à son identité initiale. Dieu qui le sait, n'a pas écrit ce que sera son parcours, comme il l'a fait pour Israël.

Pour nous les hommes, ne pas savoir le futur s'inscrit dans les conditions de la liberté. L'optimisme nous reste encore permis : s'unir dans la prière et s'attendre au meilleur de la part du Seigneur, voilà la belle et courageuse leçon que nous laisse Jonathan Edwards.

Table des matières

Contexte   1

1. L'eschatologie de Jonathan Edwards.   3

2. La traduction de 1823.   9

3. Traduction de la troisième partie : Réponses aux objections.   41

    3.1 Qu'il y a de la superstition dans cet accord sur la prière. 41

    3.2 Qu'un tel accord est fantaisiste, ou bien pharisaïque. 44

    3.3 Qu'un tel accord est prématuré. 48

    3.4 Que la chute de l'Antéchrist est encore bien loin. 52

    3.5 L'accusation de nouveauté. 55

4. La place de l'Amérique dans la fin des temps.   57